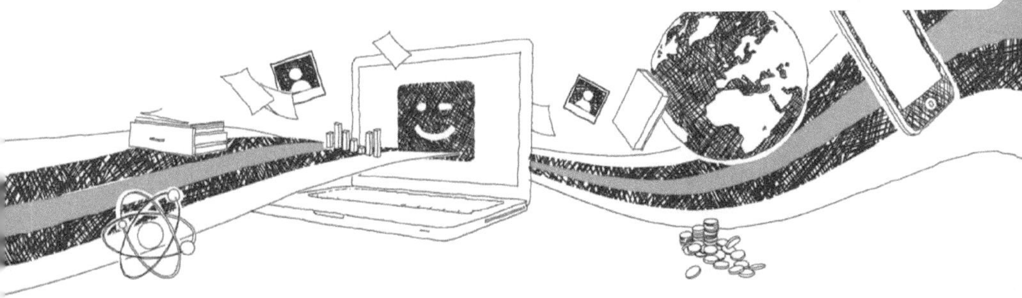

Ernst Probst

Brigitte Bardot. "B.B." - Das Sexsymbol der 1950-er Jahre

GRIN Verlag

Bibliografische Information der Deutschen Nationalbibliothek:

Die Deutsche Bibliothek verzeichnet diese Publikation in der Deutschen Nationalbibliografie; detaillierte bibliografische Daten sind im Internet über http://dnb.d-nb.de/ abrufbar.

Impressum:

Druck und Bindung: Books on Demand GmbH, Norderstedt Germany
ISBN: 978-3-656-18621-2

Dieses Buch bei GRIN:

http://www.grin.com/de/e-book/192911/brigitte-bardot-b-b-das-sexsymbol-der-1950-er-jahre

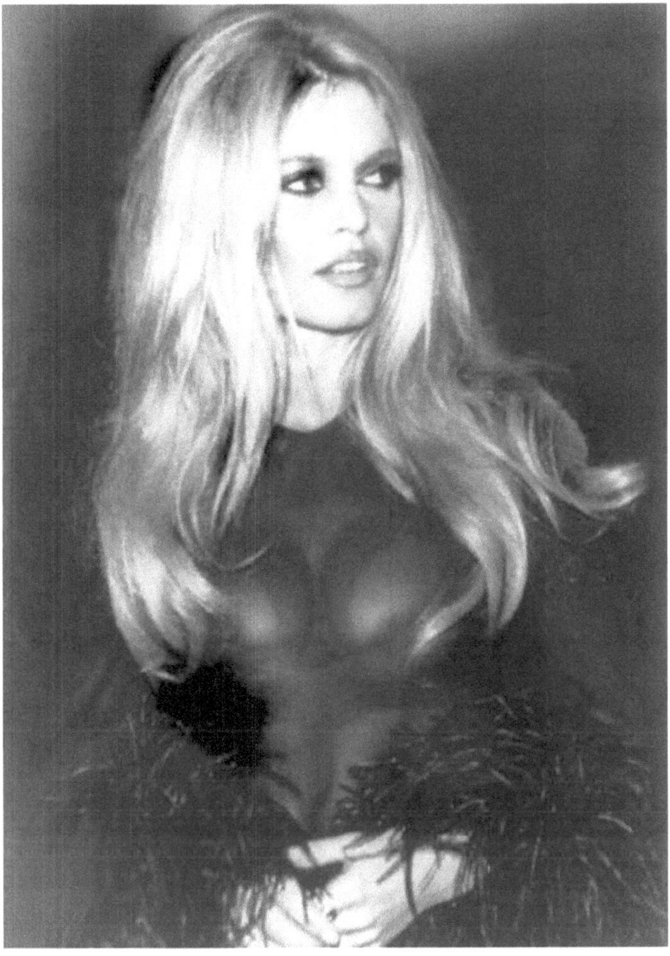

Brigitte Bardot 1968

Ernst Probst

Brigitte Bardot

„B.B." – das Sexsymbol
der 1950-er Jahre

Beate Werner,
Bernd Werner,
Marianne Werner,
Otto Werner,
Sonja Werner,
Dr. Jochen Werner,
Steffen Werner und
Christine Werner
gewidmet

Brigitte Bardot

„B.B.“ – das Sexsymbol der 1950-er Jahre

Frankreichs berühmteste Filmschauspielerin der 1950-er Jahre war zweifellos Brigitte Bardot („B.B.“). Sie galt in ihrer Glanzzeit als eine neue Art von Sexsymbol. Ihre Markenzeichen sind ihr Schmollmund und ihr lebhafter Sexappeal gewesen. Über sie hieß es: „Gott erschuf sie, Roger Vadim polierte ihre Kurven“. Für die Regenbogenpresse in aller Welt lieferten ihre vier Ehen und ihre zahlreichen Liebhaber viel Lesestoff.

Brigitte Anne-Marie Bardot erblickte am 28. September 1934 als Tochter des lothringischen Ingenieurs und Unternehmers Louis („Pilou“) Bardot (1896–1975) und seiner Ehefrau Anne-Marie („Toti“) Mucel (1912–1978) in Paris das Licht der Welt. Ihr Vater besaß im Pariser Vorort Aubervilliers eine Fabrik, die Flüssiggas herstellte. Brigitte wuchs zusammen mit ihrer am 5. Mai 1939 geborenen jüngeren Schwester Marie-Jeanne („Mijanou“) wohlbehütet auf.

Während des Zweiten Weltkrieges zog die katholische Familie Bardot in ein Palais in der Rue de la Pompe Nr. 1 in Paris. Bereits als Sechsjährige interessierte sich Brigitte für Tanz. Jeweils an drei Werktagen einer Woche besuchte sie die exklusive Privatschule „Hattemer Prignet“ und an den übrigen drei Werktagen eine

Ballettschule. Im Alter von 13 Jahren hatte sie bereits so große Fortschritte gemacht, dass sie die Aufnahmeprüfung für das angesehene „Conservatoire Nationale de Danse“ bestand.

Beim Blick in den Spiegel war Brigitte weinerlich zumute. Sie fühlte sich wegen ihrer Kurzsichtigkeit, ihrer Brille und ihrer vorstehenden Zähne – sie hatte zu lange am Daumen gelutscht – als ausgesprochen hässlich. Obwohl sie lange eine Zahnspange trug, behielt sie ihre „Hasenzähne“, denen sie ihren weltberühmten Schmollmund verdankte. Dank der Anleitung des russischen Choreographen Boris Kniaseff (1900–1975) entwickelte sich das früher schüchterne und unauffällige Mädchen allmählich zu einer anmutigen Schönheit.

Mit Hilfe ihrer Mutter, die eine Hut-Boutique führte, kam die inzwischen zu einem hübschen Teenager herangereifte 14-Jährige – ohne Brille und Zahnspange – im Januar 1949 zu einem Auftritt als Mannequin bei einer Modenschau sowie bei der Modezeitschrift „Jardin des Modes“. Die Aufnahmen in der Modezeitschrift gefielen der Herausgeberin des Modemagazins „Elle“, Hélène Lazareff (1900–1988), so gut, dass sie Brigitte mit ihrem naiv-verführerischen Gesicht im Mai 1949 zusammen mit den Initialen „B. B.“ auf die Titelseite nahm und 1950 noch einmal. Es kam zu Engagements als Model sowie Auftritten in TV-Shows des französischen Fernsehens und bald war Brigitte eines der meistgefragten Mannequins von Paris.

Durch den Erfolg von Brigitte wurde auch die Filmwelt auf das neue Gesicht aufmerksam. Der französische Filmregisseur Marc Allégret (1900–1973) bat die 15-Jährige um ein Treffen. Brigitte ging in Begleitung ihrer Mutter zu Allégret und wurde dort von dessen Assistenten Roger Vadim (1928–2000), dem Sohn des russischen Konsuls in Frankreich, empfangen. Als Brigitte später bei den Probeaufnahmen Hunderte von Augenpaaren auf sich gerichtet sah, war ihr zum Heulen zumute. Die 1949 begonnenen Dreharbeiten für den Streifen „Les lauries sont coupés", in dem Brigitte mitwirken sollte, wurden bald abgebrochen. Der Film mit Allégret kam nicht zustande, aber Brigitte traf sich fortan mit Vadim in ihrem Elternhaus, da sie noch nicht alleine ausgehen durfte.

Bei einem Besuch in der Junggesellenbude von Vadim verlor Brigitte ihre „lästige Jungfernschaft". Danach schwänzte sie wegen weiterer Treffen regelmäßig die Schule. Eines Tages kam ihr der Vater auf die Schliche und drohte an, sie bis zur Volljährigkeit auf ein Internat in England zu schicken. An einem Abend im Dezember 1949 gingen Eltern und Schwester ins Theater, nach der Heimkehr fanden sie die besinnungslose Brigitte und einen Abschiedsbrief auf dem Küchenboden. Sie hatte das Gas aufgedreht und den Kopf in den Backofen gesteckt.

Durch diese Verzweiflungstat blieb der 15-jährigen Brigitte der Wechsel nach England erspart. Sie sollte

Vadim aber erst heiraten dürfen, wenn sie 18 war. Am 21. Dezember 1952 schlossen Brigitte Bardot und Roger Vadim die Ehe. Die kirchliche Hochzeit erfolgte in der katholischen Kirche Notre-Dame de Grace in Passy Ihr Vater war damals über den Schwiegersohn nicht begeistert. Er soll gesagt haben: „Was soll ich machen? Er macht ein Flittchen aus ihr, ob sie ihn heiratet oder nicht!"

Brigitte Bardots früher Film „Le trou Normand" („Ein Kaff in der Normandie", 1952) erntete verheerende Kritiken. 1952 sah man sie auch in „Manina, la fille sans voiles" („Sommernächte mit Manina") und „Les dents longues" („Von Sensationen gehetzt"). 1953 folgten „Le portrait de son père" („His father's Portrait") und „Act of love" („Ein Akt der Liebe"). 1954 wirkte sie mit in „Si Versailles m'etait conté" („Versailles – Könige und Frauen"), „Le Fils de Caroline Chérie" („Dunkelroter Venusstern") und „Haine, Amour et Trahison" („Verrat"). 1955 waren es schon ein halbes Dutzend Filme: „Rendez-vous à Rio" („Doktor Ahoi!"), „Les grandes manœvres" („Das große Manöver"), „Cette sacrée gamine" („Pariser Luft"), „La lumière d'en face" („Gier nach Liebe") und „Hélène de Troie" („Die schöne Helena") und „Futures vedettes" („Reif auf jungen Blüten"). All diese Streifen waren noch kein großer Erfolg.

Den Durchbruch schaffte Brigitte Bardot erst in „Et Dieu créa la femme" („... und ewig lockt das Weib",

1956), bei dem ihr Ehemann Roger Vadim erstmals in einem Film selbstständig Regie führte. In diesem Streifen spielte sie das sinnliche Waisenmädchen Juliette, das bei seiner Tante an der Cote d'Azur mit obszönen Tänzen und unmoralischen Gebärden der Männerwelt die Köpfe verdrehte. Dabei konnte man sie braungebrannt und nackt sehen. Über Nacht stieg sie zum Sexsymbol auf und war festgelegt auf die Rolle der naiven Blondine, die mit ihrem Schmollmund bei Männern alles erreichen konnte.
1956 erschien Brigitte Bardot auch in den Filmen „En effeuillant la marguerite" („Ein Gänseblümchen wird entblättert"), „Les week-ends de Néron" („Neros tolle Nächte") und „La mariée est trop belle" („Die Braut ist viel zu schön") auf der Kinoleinwand. Danach sah man sie in „Une Parisienne" („Die Pariserin", 1957).
1957 wurde die Ehe von Brigitte Bardot mit Roger Vadim geschieden. Zusammen mit ihm hatte sie noch „Les bijoutiers du clair de lune" („In ihren Augen ist immer Nacht", 1958) gedreht. 1958 hatte sie eine Affäre mit dem Sänger Sacha Distel (1933–2004). Bald war die Abkürzung ihres Namens „B.B." so bekannt, dass ihn die Schauspielerin 1958 gesetzlich schützen ließ. In „Babette s'en va-t'en guerre" („Babette zieht in den Krieg", 1959) demonstrierte sie ihr Talent für Komik.
Am 18. Juni 1959 heiratete die damals schwangere Brigitte Bardot in Louveciennes den zwei Jahre jüngeren französischen Schauspieler Jacques Charrier, mit dem

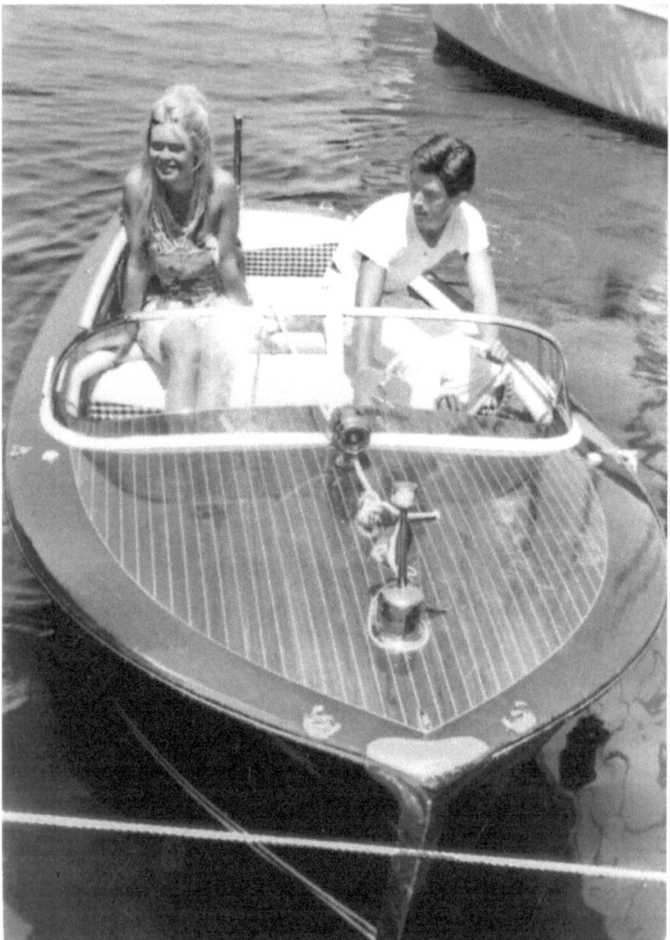

Brigitte Bardot und der Schauspieler Sami Frey auf einem Boot im Hafen von Saint-Tropez 1963

sie den Streifen „Babette zieht in den Krieg" gedreht hatte. Aus dieser Ehe stammt der am 10. Januar 1960 geborene Sohn Nicolas-Jacques Charrier. Über dessen Geburt wurde wie über ein mediales Weltereignis berichtet. Die zweite Ehe der „B.B." verlief nicht besonders glücklich. Im August 1960 unternahm ihr Gatte drei Selbstmordversuche. An ihrem 26. Geburtstag am 28. September 1960 lieferte man die „B.B." nach einem Selbstmordversuch in ein Krankenhaus ein.
Im Gerichts-Melodram „La vérite" („Le Truth" oder „Die Wahrheit", 1960) unter der Regie von Henri-Georges Clouzot (1907–1977) bewies Brigitte Bardot, dass sie mehr als nur ein Sexsymbol war. Dafür erhielt sie den italienischen Preis „David di Donatello".
„Vie privée" („Privatleben", 1961) unter der Regie von Louis Malle (1932–1995) gilt als einer der besten Filme von Brigitte Bardot. Darin spielte sie an der Seite von Marcello Mastroianni (1924–1996) quasi sich selbst. Sie verkörperte eine Schauspielerin, die zum Idol der Massen avancierte, als Star ein Opfer der Gesellschaft wurde, ständig auf der Flucht vor Paparazzi war und schließlich in eine innere Einsamkeit verfiel.
Im Januar 1963 wurde die Ehe von Brigitte Bardot mit Jacques Charrier geschieden. Brigitte überließ die Erziehung ihres Sohnes Nicolas-Jacques ihrem Ex-Mann. Der Junge wuchs bei seinen Großeltern auf und lebt heute in Norwegen. Charrier heiratete danach noch dreimal.

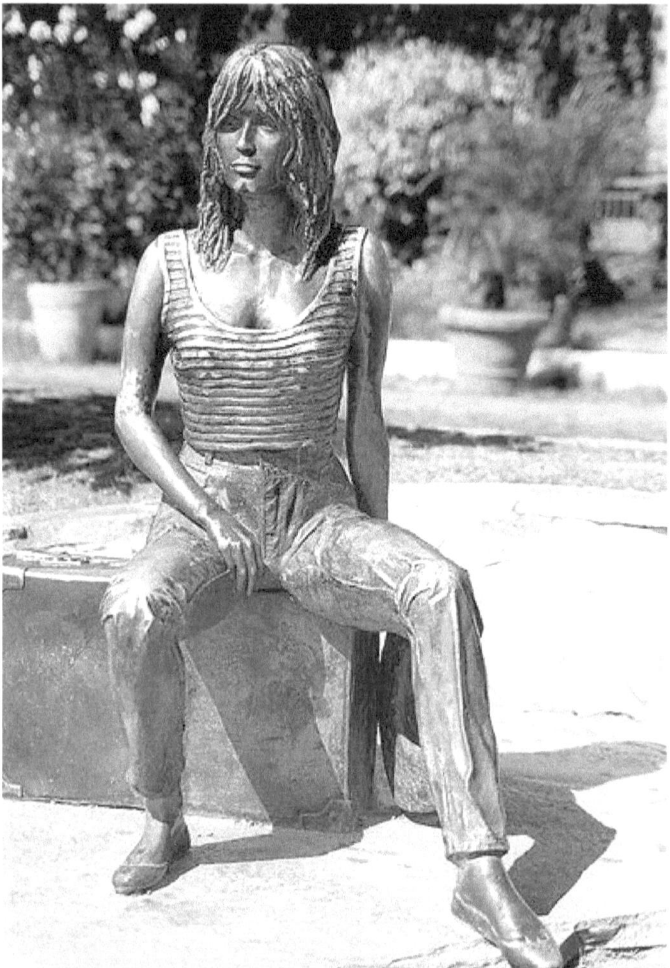

Von Christina Motta geschaffene Statue von Brigitte Bardot in Praia de Búzios bei Rio de Janeiro in Braslien

In manchen Büchern heißt es fälschlicherweise, der eigentliche Name von Brigitte Bardot sei „Camille Javal" gewesen. Doch in Wirklichkeit war dies nur der Name einer Frau, die von ihr neben Jack Palance (1919–2006) und Michel Piccoli in der Gesellschaftssatire „Le mépris" („Die Verachtung", 1963) unter der Regie von Jean-Luc Godard verkörpert wurde.
1964 hielt sich Brigitte Bardot erstmals in Rio de Janeiro (Brasilien) auf. Auf der Flucht vor Fotografen und Journalisten lernte sie damals das brasilianische Fischerdorf Búzios kennen. Dorthin kam sie später mehrfach zu längeren Aufenthalten zurück. Eine von der brasilianischen Künstlerin Christina Motta geschaffene Statue in Praia de Búzios erinnert an die „B.B.".
Zusammen mit Henri Koster (1905–1988) und James Stewart (1908–1997) wirkte Brigitte Bardot in der Filmkomödie „Dear Brigitte" („Geliebte Brigitte", 1965) mit. In „Viva maria" (1965) trat sie neben Jeanne Moreau „mit Witz und wohldosiertem Sexappeal" als Striptease-Tänzerin auf. Hierfür zeichnete man sie mit dem „L'etoile de Cristal" aus.
Am 16. Juni 1966 heiratete die 31-jährige Brigitte Bardot in Las Vegas (Nevada) den deutschen Industrieerben und Gesellschaftslöwen Gunter Sachs (1932–2011), der für die freie Liebe eintrat. Von ihm trennte sie sich am 1. Oktober 1969 wieder. Während ihrer dreijährigen Ehe hatte sie ihren Gatten insgesamt nur drei Monate gesehen.

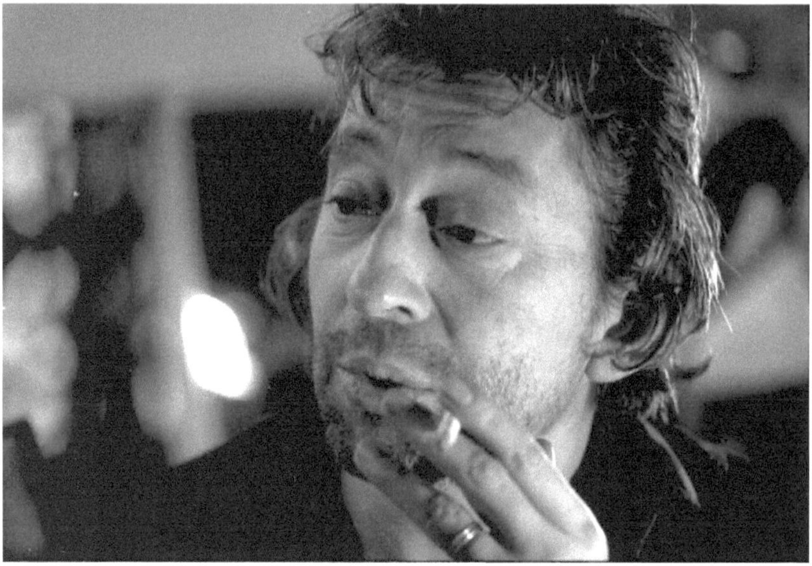

Serge Gainsbourg (1928–1991)

Unter der Regie von Louis Malle drehte Brigitte Bardot eine Episode für den Film „Histoires extraordinaires" („Außergewöhnliche Geschichten", 1968). Im Western „Shalako" („Man nennt mich Shalako", 1968) sah man sie zusammen mit dem „James-Bond"-Darsteller Sean Connery.
In den 1950-er und 1960-er Jahren gehörte Brigitte Bardot zweifellos zu den am meisten fotografierten Frauen in Europa. In ihrem Heimatland Frankreich erfuhr sie eine besondere Ehre. Man gestaltete die Marianne, die Verkörperung der Republik, nach ihren Zügen.
Auch in der Modegeschichte erwarb sich Brigitte Bardot besondere Verdienste. Sie trug zur Popularisierung des Bikinis vor allem im damals noch verschlafenen Fischerstädtchen Saint Tropez in Südfrankreich sowie mit hochtoupierten Beehive-Frisuren und gemusterten Ginghamstoffen in Anklang auf die Mod.
Erfolgreich war Brigitte Bardot auch als Chansonsängerin. Vor allem ihr Lied „Harley Davidson" (1967) ist sehr bekannt. 1968 erschien ihr von Serge Gainsbourg (1928–1991) geschriebenes Album „Initiales B. B.". Mit Gainsbourg hatte Brigitte eine pikante und legendäre Beziehung, heißt es. Er schrieb für sie mit „Je t'aime" eine öffentliche Liebeserklärung. Ursprünglich sollte dieser Titel von „B. B." veröffentlicht werden. Aber sie zog „Je t'aime" aus Rücksicht auf ihren damaligen Ehemann Gunter Sachs zurück. 1967 kam dieser Titel

zunächst mit Jane Birkin heraus und wurde ein skandalumwitterter Welthit. Die Fassung der Bardot wurde 1986 veröffentlicht.

Ab Ende der 1960-er Jahre verblasste der Ruhm von Brigitte Bardot allmählich. 1969 wirkte sie in „Les femmes" („Oh, diese Frauen") mit, 1970 in „Les novices" („Die Novizinnen"), „L'ours et la poupée" („Der Bär und die Puppe"), 1971 in „Les pétroleuses" („Petroleum-Miezen") und „Boulevard du rhum" („Die Rumstraße").

Während der Dreharbeiten für „Don Juan 73" (1973) unter der Regie von Roger Vadim gab die 38-Jährige ihren Rückzug vom Film bekannt. Als letzter Titel in ihrer Filmografie wird „L'histoire très bonne très joyeuse de Colinot Trousse-Chemise" (1973) erwähnt. Nach ihrem Abschied vom Film fühlte sie sich wie von einer schweren Last befreit.

1968 gewann die französische Schriftstellerin Marguerite Yourcenar (1903–1987) Brigitte Bardot für Kampagnen gegen die Robbenjagd in Kanada. Nicht ganz ins Bild passte, dass „B.B." noch 1969 in einer auf Nordamerika beschränkten Anzeigenserie der amerikanischen Nerzzüchterorganisation „Blackgama" nackt im Nerzmantel posierte.

1976 gründete Brigitte Bardon eine „Stiftung zur Rettung der Tiere in aller Welt", die einige Monate später aus organisatorischen Gründen wieder eingestellt werden musste. Im Juni 1987 versteigerte sie ihren

Schmuck und viele Erinnerungsstücke, um damit die Neugründung einer Stiftung zu finanzieren, die 1992 als gemeinnützig anerkannt wurde. 1991 vermachte sie ihr Anwesen „La Madrague“ ihrer Tierschutz-Stiftung, und im November 1992 erwarb sie im Westen von Paris ein sieben Hektar großes Grundstück für ein Hundeheim.
Im Frühjahr 1980 konnte der Fernsehreporter Alain Bougrain-Dubourgh die Bardot für ein interessantes Projekt gewinnen. Er produzierte eine dreiteilige TV-Serie über ihr Leben mit Filmausschnitten, Reportagen und Interviews, die „B.B.“ selbst kommentierte.
Am 16. August 1992 ehelichte Brigitte Bardot den französischen Geschäftsmann Bernard d'Ormale. Wegen seiner Nähe zur rechtsradikalen „Front Nationale“ des Politikers Jean-Marie Le Pen geriet auch „B.B.“ ins Zwielicht. Im selben Jahr wurde ihr auch der Umweltweltpreis der Vereinten Nationen zugesprochen.
1996 erschien das Buch „Initiales B.B.“ („B.B. – Memoiren“) aus der Feder von Brigitte Bardot. Darin berichtete sie schonungslos über ihr Privatleben, über die ängstliche und schüchterne Frau hinter dem Weltstar, über ihre Kindheit und strenge Erziehung, ihr schwieriges Verhältnis zu ihrem Sohn Nicolas-Jacques, ihre verflossenen Liebhaber, früheren Ehemänner, Selbstmordversuche und Abtreibungen sowie über ihre Filmkarriere. 1997 wurde die „B.B.“ von ihrem Ex-

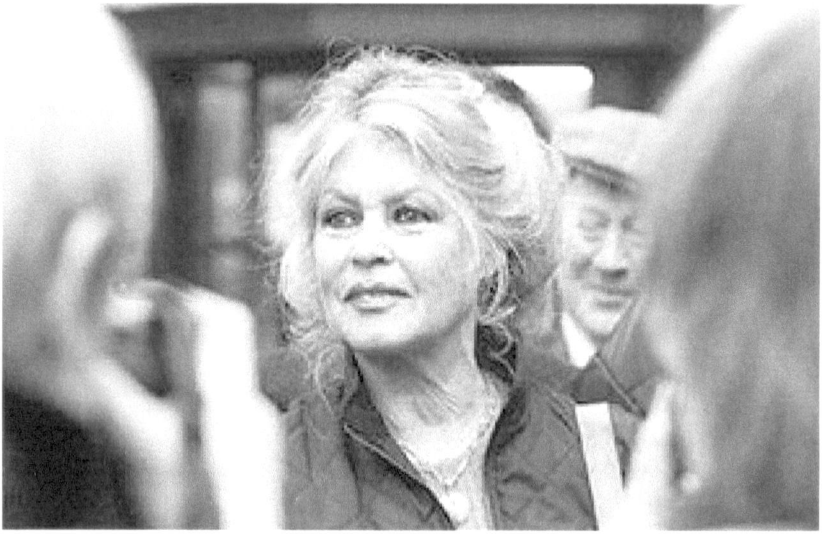

Brigitte Bardot im Jahre 2002 in Nizza

Gatten Jacques Charrier verklagt, weil sie in ihren Memoiren seine Privatsphäre verletzt habe.
Mehr als 275.000 Exemplare wurden von dem umstrittenen Buch „Ein Ruf aus der Stille“ (2003) aus der Feder von Brigitte Bardot verkauft. Darin warnte sie vor einer „Islamisierung“ von Frankreich, kritisierte die moderne Kunst und Architektur, die Verweichlichung der Männer, schnelle Mahlzeiten und die schlechte Ernährung der Franzosen. Damit sprach sie offenbar vielen Landsleuten aus der Seele. Andererseits stand sie mehrfach wegen Anstiftung zum Rassenhass vor Gericht. 1997 sprach man sie in einem Fall frei, in dem es um einen Beitrag von „B.B.“ für die Zeitung „Figaro“ ging. Wegen Äußerungen, die zumeist im Zusammenhang zum islamischen Schächten standen, wurde sie zu Geldstrafen von 9.000 DM, 5.000 Euro und 15.000 Euro verurteilt.
2009 drehte Brigitte Bardot erstmals nach ihrem 1973 verkündeten Karriere-Ende als Schauspielerin wieder einen Film. Dabei handelte es sich um den Dokumentarfilm „Und Brigitte schuf Bardot“. Im Mai 2011 taufte die Umweltorganisation „Sea Shepard“ ein Schiff zu Ehren ihrer aktiven Unterstützerin in „Brigitte Bardot“ um.

Filme von Brigitte Bardot

1952: Manina, la fille sans voiles (Manina, das Mädchen ohne Schleier / Sommernächte mit Manina / The Girl in the Bikini) unter der Regie von Willy Rozier
1952: Le trou normand (Ein Kaff in der Normandie) unter der Regie von Jean Boyer
1952: Les dents longues (Ehrgeiz / Von Sensationen gehetzt) unter der Regie von Daniel Gélin
1953: Le portrait de son père (His father's Portrait) unter der Regie von André Berthomieu mit Jean Richard
1953: Un acte d'amour (Act of love / Ein Akt der Liebe / Das Mädchen von der Seine) unter der Regie von Anatole Litvak
1954: Si Versailles m'était conté (Versailles – Könige und Frauen) unter der Regie von Sacha Guitry mit Jean Marais (nicht im Abspann erwähnt)
1954: Le Fils de Caroline Chérie (Dunkelroter Venusstern) unter der Regie von Jean Devaivre mit Jean-Claude Pascal und Jean Debucourt.
1954: Haine, Amour et Trahison (Tradita / Verrat) unter der Regie von Mario Bonnard
1955: Rendez-vous à Rio (Doctor at sea / Doktor Ahoi!) unter der Regie von Ralph L. Thomas mit Dirk Bogarde

1955: Les grandes manœuvres (Das Große Manöver) unter der Regie von René Clair mit Gérard Philipe
1955: Cette sacrée gamine (Pariser Luft) unter der Regie von Michel Boisrond
1955: La lumière d'en face (Gier nach Liebe) unter der Regie von Georges Lacombe
1955: Hélène de Troie (Die schöne Helena / Der Untergang von Troja / Helen of Troy) unter der Regie von Robert Wise
1955: Futures vedettes (School for love/ Reif auf jungen Blüten) unter der Regie von Marc Allégret mit Jean Marais
1956: En effeuillant la marguerite (Ein Gänseblümchen wird entblättert) unter der Regie von Marc Allégret
1956: Les week-ends de Néron (Mio figlio Nerone / Neros tolle Nächte) unter der Regie von Steno
1956: Et Dieu ... créa la femme (...und ewig lockt das Weib / ... und immer lockt das Weib) unter der Regie von Roger Vadim
1956: La mariée est trop belle (Die Braut ist viel zu schön) unter der Regie von Pierre Gaspard-Huit
1957: Une Parisienne (Die Pariserin) unter der Regie von Michel Boisrond
1958: Les bijoutiers du clair de lune (In ihren Augen ist immer Nacht) unter der Regie von Roger Vadim
1958: En cas de malheur (Mit den Waffen einer Frau) unter der Regie von Claude Autant-Lara mit Jean Gabin und Edwige Feuillère

1958: La femme et le pantin (Ein Weib wie der Satan / Die Frau und der Hampelmann) unter der Regie von Julien Duvivier
1959: Babette s'en va-t- en guerre (Babette zieht in den Krieg) unter der Regie von Christian-Jaque
1959: Voulez-vous danser avec moi? (Wollen Sie mit mir tanzen) unter der Regie von Michel Boisrond
1960: Le vérite (Die Wahrheit / Le Truth) unter der Regie von Henri-Georges Clouzot mit Sami Frey
1960: L'affaire d'une nuit (Affäre einer Nacht) unter der Regie von Henri Verneuil
1960: La bride sur le cou (In Freiheit dressiert) unter der Regie von Roger Vadim
1961: Vie privée (Privatleben) unter der Regie von Louis Malle
1961: Amours célèbres (Agnès Bernauer / Galante Liebesgeschichten) unter der Regie von Michel Boisrond
1962: Le repos du guerrier (Das Ruhekissen) unter der Regie von Roger Vadim mit Robert Hossein
1963: Une ravissante idiote (Die Verführerin) unter der Regie von Édouard Molinaro mit Anthony Perkins
1963: Le mépris (Die Verachtung) unter der Regie von Jean-Luc Godard mit Michel Piccoli
1964: Une ravissante idiote (Die Verführerin) unter der Regie von Edouard Molinaro

1965: Chère Brigitte (Dear Brigitte / Geliebte Brigitte) unter der Regie von Henry Koster
1965: Viva Maria! unter der Regie von Louis Malle mit Jeanne Moreau
1966: À cœur joie (Zwei Wochen im September) unter der Regie von Serge Bourguignon mit Laurent Terzieff und Jean Rochefort
1968: Histoires extraordinaires (William Wilson / Außergewöhnliche Geschichten) unter der Regie von Federico Fellini und Louis Malle
1968: Shalako (Man nennt mich Shalako) unter der Regie von Edward Dmytryk mit Sean Connery
1969: Les femmes (Oh, diese Frauen) unter der Regie von Jean Aurel
1970: Les novices (Die Novizinnen) unter der Regie von Guy Casaril mit Annie Girardot
1970: L'ours et la poupée (Der Bär und die Puppe unter der Regie von Michel Deville
1971: Les pétroleuses (Petroleum-Miezen) unter der Regie von Christian-Jaque mit Claudia Cardinale
1971: Boulevard du Rhum (Die Rum-Straße) unter der Regie von Robert Enrico
1972: Don Juan 73 unter der Regie von Roger Vadim
1973: L'histoire très bonne et très joyeuse de Colinot Trousse-Chemise unter der Regie von Nina Companéez

Quelle: Wikipedia

Chansons von Brigitte Bardot

Ah! Les petites femmes de Paris (Die hübschen Frauen von Paris) aus dem Film Viva Maria!, Duett mit Jeanne Moreau
Ay que viva la sangria (Es lebe die Sangria!)
Bonnie and Clyde
Bubble gum (Bubbelgum)
C'est rigolo (Es ist lustig)
Ce n'est pas vrai (Es ist nicht wahr)
Comic strip (Comicheft) mit Serge Gainsbourg
Danser (Tanzen)
Écoute le temps
Faite pour dormir (Wie zum schlafen geschaffen)
Flamenco, mit Manuel de Plata
Go west
Harley Davidson (Ich brauche niemanden außer Harley Davidson)
Je t'aime ... moi non plus (Ich liebe dich ebenso wenig) mit Serge Gainsbourg
Je reviens vers toi (Ich komme wieder zu dir zurück)
L'appareil à sous (Die Musikbox)
La bise aux hippies (Ein Küsschen für die Hippies)
La fille de paille (Das Strohmädchen)
La Madrague (Die Madrague)
Le soleil (Die Sonne)

Le soleil de ma vie, mit Sacha Distel
Les amis de la musique (Die Musikfreunde)
Maria ninguém (Maria l'Amour)
Moi, je joue (Ich spiele)
Noir et blanc (Schwarz und weiß)
Nue au soleil (Nackt in der Sonne)
Stanislas, mit Les Frères Jacques
Tu veux ou tu veux pas? (Willst du (es) oder nicht?)
Un jour comme un autre (Ein Tag wie der andere)
Une histoire de plage (Eine Strandgeschichte)
Contact (Meine Liebe kehrt zurück in die Galaxie)

Quelle: Wikipedia

Zitate von Brigitte Bardot

Der ideale Ehemann
ist ein unbestätigtes Gerücht.

Die Frau ist und bleibt
das Ruhelager ihres Mannes.

Ich bin stolz auf die Falten.
Sie sind das Leben in meinem Gesicht.

Ich habe im Leben Erfolg gehabt,
jetzt versuche ich,
das Leben zum Erfolg zu machen.

Ich trage große Toiletten immer nur einmal.
So kommt es,
dass meine Abendkleider häufiger ausgehen
als ich selbst.

Meine Jugend und meine Schönheit
schenkte ich den Männern.
Jetzt widme ich meine Weiseit
und meine Erfahrung den Tieren.

Meine Liebesfähigkeit kennt keine Grenzen.
Das vollkommene Glück
wäre für mich eine Nacht,
die nie endet und erhellt ist
von strahlendem Sonnenschein.

Wenn ich schlafe, bin ich lieber allein.

Literatur

BARDOT, Brigitte: Initiales B.B., Bergisch-Gladbach 1996

BARDOT, Brigitte: SERVAT, Henry-Jean: Mein privates Leben. Interview mit Henry-Jean Servat, München 2007

DER SPIEGEL: „Ich wollte nichts als leben". Ex-Filmschauspielerin Brigitte Bardot über Lust und Leid ihrer Jahre als Pionierin des Sex-Zeitalters, S. 164–176, 23. September 1996, Hamburg

ECKARDT, Bernard de: Brigitte Bardot. Ihre Filme -v ihr Leben, München 1989

FEMBIO Frauen-Biographie-Forschung http://www.fembio.org

HEINZLMEIER, Adolf / SCHULZ, Bernd / WITTE, Karsten: Die Unsterblichen des Kinos, Band 2, Glanz und Mythos der Stars der 40er und 50er Jahre, Frankfurt am Main 1980

INTERNET MOVIE DATABASE (Film-Datenbank) http://www.imdb.com

PROBST, Ernst: Superfrauen 7 – Film und Theater, Mainz-Kostheim 2001

PUBLIKUMSLIEBLINGE NICHT NUR VON GESTERN http://www.steffi-line.de Internetseite von Stephanie D'heil, Düsseldorf

WIKIPEDIA (Online-Lexikon) http://wikipedia.org

WINNERT, Derek (Herausgeber): Brigitte Bardot. Aus: Kino. Die große Welt der Filme und Stars, S. 60–61, Niedernhausen 1995

Bildquellen

Klaus Benz, Fotograf, Mainz-Laubenheim: 36

Michel Berneau/CC-BY-SA3.0: (Foto von 1968): 1 (via WikimediaCommons), lizensiert unter Creative Commons-Lizenz by-sa-3.0-de http://creativecommons.org/licenses/by-sa/3.0/legalcode

Cdrik bo6/CC-BY-SA3.0 (Foto von 2002): 20 (via WikimediaCommons), lizensiert unter CreativeCommons-Lizenz by-sa-3.0.-de http://creativecommons.org/licenses/by-sa/3.0/legalcode

Olimor (Foto von 1999): 14 (via WikimediaCommons), Lizenz: gemeinfrei

Dr. Michel Royon (Foto von 1963): 12 (via WikimediaCommons), Lizenz: gemeinfrei

Claude Truong-Ngoc/CC-BY-SA3.0 (Foto von 1981): 16
Flickr http://www.flickr.com/photos/ctruongngoc (via WikimediaCommons), lizensiert unter CreativeCommons-Lizenz by-sa-3.0-de http://creativecommons.org/licenses/by-sa/3.0/legalcode

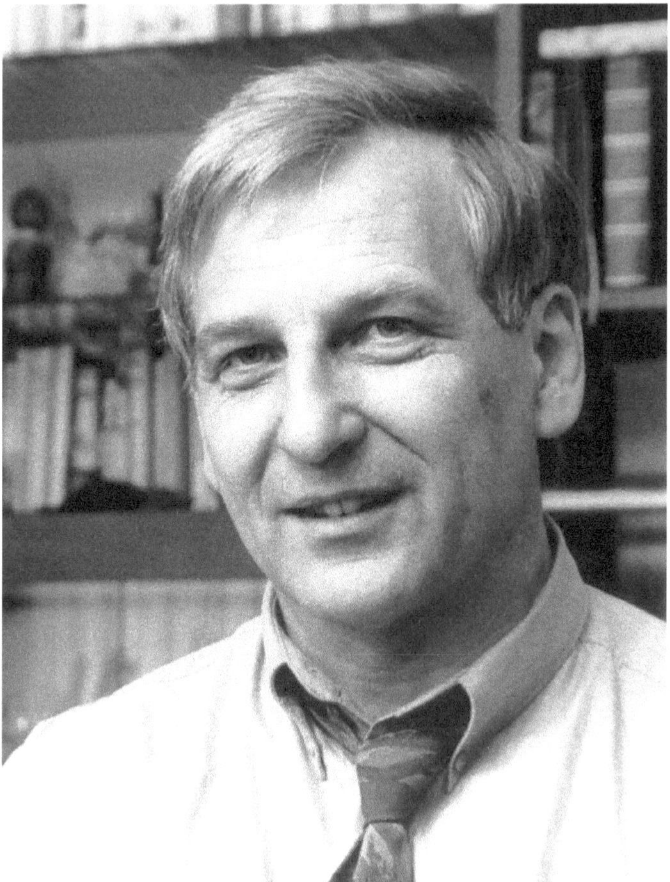

Autor Ernst Probst

Der Autor Ernst Probst

Ernst Probst, geboren am 20. Januar 1946 in Neunburg vorm Wald im bayerischen Regierungsbezirk Oberpfalz, ist Journalist und Wissenschaftsautor. Er arbeitete von 1968 bis 1971 als Redakteur bei den „Nürnberger Nachrichten", von 1971 bis 1973 in der Zentralredaktion des „Ring Nordbayerischer Tageszeitungen" in Bayreuth und von 1973 bis 2001 bei der „Allgemeinen Zeitung", Mainz. In seiner Freizeit schrieb er Artikel für die „Frankfurter Allgemeine Zeitung", „Süddeutsche Zeitung", „Die Welt", „Frankfurter Rundschau", „Neue Zürcher Zeitung", „Tages-Anzeiger", Zürich, „Salzburger Nachrichten", „Die Zeit", „Rheinischer Merkur", „Deutsches Allgemeines Sonntagsblatt", „bild der wissenschaft", „kosmos", „Deutsche Presse-Agentur" (dpa), „Associated Press" (AP) und den „Deutschen Forschungsdienst" (df). Aus seiner Feder stammen die Bücher „Deutschland in der Urzeit" (1986), „Deutschland in der Steinzeit" (1991) und „Deutschland in der Bronzezeit" (1996). Von 2001 bis 2006 betätigte sich Ernst Probst als Buchverleger sowie zeitweise als internationaler Fossilienhändler und Antiquitätenhändler. Insgesamt veröffentlichte er rund 200 Bücher, Taschenbücher, Broschüren und E-Books.

Bücher von Ernst Probst

(Auswahl)

Als Mainz noch nicht am Rhein lag

Annie Oakley
Die Meisterschützin des Wilden Westens

Archaeopteryx. Der Urvogel
aus Bayern

Christl-Marie Schultes. Die erste Fliegerin in Bayern
(zusammen mit Theo Lederer)

Cortés und Malinche. Der spanische Eroberer
und seine indianische Geliebte

Der Europäische Jaguar

Der Mosbacher Löwe
Die riesige Raubkatze aus Wiesbaden

Der Rhein-Elefant
Das Schreckenstier von Eppelsheim

Der Schwarze Peter
Ein Räuber im Hunsrück und Odenwald

Der Ur-Rhein
Rheinhessen vor zehn Millionen Jahren

Deutschland im Eiszeitalter

Deutschland in der Frühbronzezeit

Deutschland in der Mittelbronzezeit

Deutschland in der Spätbronzezeit

Die Aunjetitzer Kultur in Deutschland

Die Straubinger Kultur in Deutschland

Die Singener Gruppe

Die Arbon-Kultur in Deutschland

Die Ries-Gruppe und die Neckar-Gruppe

Die Adlerberg-Kultur

Der Sögel-Wohlde-Kreis

Die nordische Bronzezeit in Deutschland

Die Hügelgräber-Kultur in Deutschland

Die ältere Bronzezeit in Nordrhein-Westfalen

Die Bronzezeit in der Lüneburger Heide

Die Stader Gruppe

Die Oldenburg-emsländische Gruppe

Die Urnenfelder-Kultur in Deutschland

Die ältere Niederrheinische Grabhügel-Kultur

Die Unstrut-Gruppe

Die Helmsdorfer Gruppe

Die Saalemündungs-Gruppe

Die Lausitzer Kultur in Deutschland

Die Dolchzahnkatze Megantereon

Die Dolchzahnkatze Smilodon

Die Säbelzahnkatze Homotherium

Die Säbelzahnkatze Machairodus

Die Schweiz in der Frühbronzezeit

Die Rhône-Kultur in der Westschweiz

Die Arbon-Kultur in der Schweiz

Die Schweiz in der Mittelbronzezeit

Die Schweiz in der Spätbronzezeit

Dinosaurier von A bis K. Von Abelisaurus bis zu Kritosaurus

Dinosaurier von L bis Z. Von Labocania bis zu Zupaysaurus

Eiszeitliche Geparde in Deutschland

Eiszeitliche Leoparden in Deutschland

Frauen im Weltall

Hildegard von Bingen. Die deutsche Prophetin

Höhlenlöwen. Raubkatzen
im Eiszeitalter

Julchen Blasius
Die Räuberbraut des Schinderhannes

Katharina II. die Große.
Die Deutsche auf dem Zarenthron

Johann Jakob Kaup
Der große Naturforscher aus Darmstadt

Königinnen der Lüfte in Deutschland

Königinnen der Lüfte in Europa

Königinnen der Lüfte in Amerika

Königinnen der Lüfte von A bis Z

Rund 70 Kurzbiografien berühmter Fliegerinnen, Ballonfahrerinnen, Luftschifferinnen, Fallschirmspringerinnen, Astronautinnen und Kosmonautinnen

Königinnen des Films

Königinnen des Tanzes

Königinnen des Theaters

Malende Superfrauen

Meine Worte sind wie die Sterne

Die Entstehung der Rede des Häuptlings Seattle
(zusammen mit Sonja Probst)

Monstern auf der Spur
Wie die Sagen über Drachen, Riesen
und Einhörner entstanden

Neues vom Ur-Rhein
Interview mit dem Geologen und Paläontologen
Dr. Jens Sommer

Österreich in der Frühbronzezeit

Österreich in der Mittelbronzezeit

Österreich in der Spätbronzezeit

Pompadour und Dubarry. Die Mätressen
von Louis XV.

Raub-Dinosaurier von A bis Z.
Mit Zeichnungen von Dmitry Bogdanav
und Nobu Tamura

Rekorde der Urmenschen
Erfindungen, Kunst und Religion

Rekorde der Urzeit
Landschaften, Pflanzen und Tiere

Säbelzahnkatzen. Von Machairodus
bis zu Smilodon

Säbelzahntiger am Ur-Rhein. Machairodus
und Paramachairodus

Superfrauen aus dem Wilden Westen

Superfrauen 1 – Geschichte

Superfrauen 2 – Religion

Superfrauen 3 – Politik

Superfrauen 4 – Wirtschaft und Verkehr

Superfrauen 5 – Wissenschaft

Superfrauen 6 – Medizin

Superfrauen 7 – Film und Theater

Superfrauen 8 – Literatur

Superfrauen 9 – Malerei und Fotografie

Superfrauen 10 – Musik und Tanz

Superfrauen 11 – Feminismus und Familie

Superfrauen 12 – Sport

Superfrauen 13 – Mode und Kosmetik

Superfrauen 14 – Medien und Astrologie

Tony und Bruno Werntgen. Zwei Leben für die Luftfahrt (zusammen mit Paul Wirtz)

Was ist ein Menhir?
Interview mit dem Mainzer Archäologen
Dr. Detert Zylmann

Weisheiten der Indianer

Wer ist der kleinste Dinosaurier?
Interviews mit dem Wissenschaftsautor Ernst Probst

Wer war der Stammvater der Insekten?
Interview mit dem Stuttgarter Biologen
und Paläontologen Dr. Günther Bechly

Zenobia von Palmyra.
Eine Frau kämpft gegen die Römer